This Book Belongs To :

Name: ....

Phone: ....

Address: ....

BILL TRACKER			Month : /		
Paid	Bill	Due Date	Amt Due	Amt Paid	Unpaid Balance
☐					
☐					
☐					
☐					
☐					
☐					
☐					
☐					
☐					
☐					
☐					
☐					
☐					
☐					
☐					
☐					
☐					
☐					
☐					
☐					
☐					
☐					
☐					
☐					
		Total			

Notes:

BILL TRACKER

Month : /

Paid	Bill	Due Date	Amt Due	Amt Paid	Unpaid Balance
☐					
☐					
☐					
☐					
☐					
☐					
☐					
☐					
☐					
☐					
☐					
☐					
☐					
☐					
☐					
☐					
☐					
☐					
☐					
☐					
☐					
☐					
☐					
☐					
		Total			

Notes:

BILL TRACKER

Month : /

Paid	Bill	Due Date	Amt Due	Amt Paid	Unpaid Balance
☐					
☐					
☐					
☐					
☐					
☐					
☐					
☐					
☐					
☐					
☐					
☐					
☐					
☐					
☐					
☐					
☐					
☐					
☐					
☐					
☐					
☐					
☐					
☐					
		Total			

Notes:

BILL TRACKER

Month : /

Paid	Bill	Due Date	Amt Due	Amt Paid	Unpaid Balance
☐					
☐					
☐					
☐					
☐					
☐					
☐					
☐					
☐					
☐					
☐					
☐					
☐					
☐					
☐					
☐					
☐					
☐					
☐					
☐					
☐					
☐					
☐					
☐					
		Total			

Notes:

BILL TRACKER

Month :   /

Paid	Bill	Due Date	Amt Due	Amt Paid	Unpaid Balance
☐					
☐					
☐					
☐					
☐					
☐					
☐					
☐					
☐					
☐					
☐					
☐					
☐					
☐					
☐					
☐					
☐					
☐					
☐					
☐					
☐					
☐					
☐					
☐					
		Total			

Notes:

BILL TRACKER

Month : /

Paid	Bill	Due Date	Amt Due	Amt Paid	Unpaid Balance
☐					
☐					
☐					
☐					
☐					
☐					
☐					
☐					
☐					
☐					
☐					
☐					
☐					
☐					
☐					
☐					
☐					
☐					
☐					
☐					
☐					
☐					
☐					
☐					
		Total			

Notes:

BILL TRACKER			Month : /		
Paid	Bill	Due Date	Amt Due	Amt Paid	Unpaid Balance
☐					
☐					
☐					
☐					
☐					
☐					
☐					
☐					
☐					
☐					
☐					
☐					
☐					
☐					
☐					
☐					
☐					
☐					
☐					
☐					
☐					
☐					
☐					
☐					
		Total			

Notes:

BILL TRACKER

Month : /

Paid	Bill	Due Date	Amt Due	Amt Paid	Unpaid Balance
☐					
☐					
☐					
☐					
☐					
☐					
☐					
☐					
☐					
☐					
☐					
☐					
☐					
☐					
☐					
☐					
☐					
☐					
☐					
☐					
☐					
☐					
☐					
		Total			

Notes:

BILL TRACKER			Month : /		
Paid	Bill	Due Date	Amt Due	Amt Paid	Unpaid Balance
☐					
☐					
☐					
☐					
☐					
☐					
☐					
☐					
☐					
☐					
☐					
☐					
☐					
☐					
☐					
☐					
☐					
☐					
☐					
☐					
☐					
☐					
☐					
☐					
		Total			

Notes:

BILL TRACKER

Month : /

Paid	Bill	Due Date	Amt Due	Amt Paid	Unpaid Balance
☐					
☐					
☐					
☐					
☐					
☐					
☐					
☐					
☐					
☐					
☐					
☐					
☐					
☐					
☐					
☐					
☐					
☐					
☐					
☐					
☐					
☐					
☐					
☐					
		Total			

Notes:

BILL TRACKER

Month : /

Paid	Bill	Due Date	Amt Due	Amt Paid	Unpaid Balance
☐					
☐					
☐					
☐					
☐					
☐					
☐					
☐					
☐					
☐					
☐					
☐					
☐					
☐					
☐					
☐					
☐					
☐					
☐					
☐					
☐					
☐					
☐					
☐					
		Total			

Notes:

BILL TRACKER

Month : /

Paid	Bill	Due Date	Amt Due	Amt Paid	Unpaid Balance
☐					
☐					
☐					
☐					
☐					
☐					
☐					
☐					
☐					
☐					
☐					
☐					
☐					
☐					
☐					
☐					
☐					
☐					
☐					
☐					
☐					
☐					
☐					
		Total			

Notes:

BILL TRACKER

Month : /

Paid	Bill	Due Date	Amt Due	Amt Paid	Unpaid Balanc
☐					
☐					
☐					
☐					
☐					
☐					
☐					
☐					
☐					
☐					
☐					
☐					
☐					
☐					
☐					
☐					
☐					
☐					
☐					
☐					
☐					
☐					
☐					
☐					
		Total			

Notes:

BILL TRACKER

Month : /

Paid	Bill	Due Date	Amt Due	Amt Paid	Unpaid Balance
☐					
☐					
☐					
☐					
☐					
☐					
☐					
☐					
☐					
☐					
☐					
☐					
☐					
☐					
☐					
☐					
☐					
☐					
☐					
☐					
☐					
☐					
☐					
☐					
		Total			

Notes:

BILL TRACKER			Month : /		
Paid	Bill	Due Date	Amt Due	Amt Paid	Unpaid Balance
☐					
☐					
☐					
☐					
☐					
☐					
☐					
☐					
☐					
☐					
☐					
☐					
☐					
☐					
☐					
☐					
☐					
☐					
☐					
☐					
☐					
☐					
☐					
☐					
		Total			

Notes:

BILL TRACKER

Month : /

Paid	Bill	Due Date	Amt Due	Amt Paid	Unpaid Balance
☐					
☐					
☐					
☐					
☐					
☐					
☐					
☐					
☐					
☐					
☐					
☐					
☐					
☐					
☐					
☐					
☐					
☐					
☐					
☐					
☐					
☐					
☐					
☐					
		Total			

Notes:

BILL TRACKER			Month : /		
Paid	Bill	Due Date	Amt Due	Amt Paid	Unpaid Balance
☐					
☐					
☐					
☐					
☐					
☐					
☐					
☐					
☐					
☐					
☐					
☐					
☐					
☐					
☐					
☐					
☐					
☐					
☐					
☐					
☐					
☐					
☐					
☐					
		Total			

Notes:

BILL TRACKER

Month : /

Paid	Bill	Due Date	Amt Due	Amt Paid	Unpaid Balance
☐					
☐					
☐					
☐					
☐					
☐					
☐					
☐					
☐					
☐					
☐					
☐					
☐					
☐					
☐					
☐					
☐					
☐					
☐					
☐					
☐					
☐					
☐					
☐					
		Total			

Notes:

BILL TRACKER

Month : /

Paid	Bill	Due Date	Amt Due	Amt Paid	Unpaid Balance
☐					
☐					
☐					
☐					
☐					
☐					
☐					
☐					
☐					
☐					
☐					
☐					
☐					
☐					
☐					
☐					
☐					
☐					
☐					
☐					
☐					
☐					
☐					
☐					
		Total			

Notes:

BILL TRACKER

Month : /

Paid	Bill	Due Date	Amt Due	Amt Paid	Unpaid Balance
☐					
☐					
☐					
☐					
☐					
☐					
☐					
☐					
☐					
☐					
☐					
☐					
☐					
☐					
☐					
☐					
☐					
☐					
☐					
☐					
☐					
☐					
☐					
		Total			

Notes:

BILL TRACKER			Month : /		
Paid	Bill	Due Date	Amt Due	Amt Paid	Unpaid Balance
☐					
☐					
☐					
☐					
☐					
☐					
☐					
☐					
☐					
☐					
☐					
☐					
☐					
☐					
☐					
☐					
☐					
☐					
☐					
☐					
☐					
☐					
☐					
☐					
		Total			

Notes:

BILL TRACKER

Month : /

Paid	Bill	Due Date	Amt Due	Amt Paid	Unpaid Balance
☐					
☐					
☐					
☐					
☐					
☐					
☐					
☐					
☐					
☐					
☐					
☐					
☐					
☐					
☐					
☐					
☐					
☐					
☐					
☐					
☐					
☐					
☐					
☐					
		Total			

Notes:

BILL TRACKER

Month : /

Paid	Bill	Due Date	Amt Due	Amt Paid	Unpaid Balance
☐					
☐					
☐					
☐					
☐					
☐					
☐					
☐					
☐					
☐					
☐					
☐					
☐					
☐					
☐					
☐					
☐					
☐					
☐					
☐					
☐					
☐					
☐					
☐					
		Total			

Notes:

BILL TRACKER

Month : /

Paid	Bill	Due Date	Amt Due	Amt Paid	Unpaid Balance
☐					
☐					
☐					
☐					
☐					
☐					
☐					
☐					
☐					
☐					
☐					
☐					
☐					
☐					
☐					
☐					
☐					
☐					
☐					
☐					
☐					
☐					
☐					
		Total			

Notes:

BILL TRACKER

Month : /

Paid	Bill	Due Date	Amt Due	Amt Paid	Unpaid Balance
☐					
☐					
☐					
☐					
☐					
☐					
☐					
☐					
☐					
☐					
☐					
☐					
☐					
☐					
☐					
☐					
☐					
☐					
☐					
☐					
☐					
☐					
☐					
☐					
		Total			

Notes:

BILL TRACKER

Month :   /

Paid	Bill	Due Date	Amt Due	Amt Paid	Unpaid Balance
☐					
☐					
☐					
☐					
☐					
☐					
☐					
☐					
☐					
☐					
☐					
☐					
☐					
☐					
☐					
☐					
☐					
☐					
☐					
☐					
☐					
☐					
☐					
☐					
		Total			

Notes:

BILL TRACKER

Month : /

Paid	Bill	Due Date	Amt Due	Amt Paid	Unpaid Balance
☐					
☐					
☐					
☐					
☐					
☐					
☐					
☐					
☐					
☐					
☐					
☐					
☐					
☐					
☐					
☐					
☐					
☐					
☐					
☐					
☐					
☐					
☐					
☐					
		Total			

Notes:

BILL TRACKER

Month : /

'aid	Bill	Due Date	Amt Due	Amt Paid	Unpaid Balance
☐					
☐					
☐					
☐					
☐					
☐					
☐					
☐					
☐					
☐					
☐					
☐					
☐					
☐					
☐					
☐					
☐					
☐					
☐					
☐					
☐					
☐					
☐					
☐					
		Total			

'otes:

BILL TRACKER

Month : /

Paid	Bill	Due Date	Amt Due	Amt Paid	Unpaid Balance
☐					
☐					
☐					
☐					
☐					
☐					
☐					
☐					
☐					
☐					
☐					
☐					
☐					
☐					
☐					
☐					
☐					
☐					
☐					
☐					
☐					
☐					
☐					
☐					
		Total			

Notes:

BILL TRACKER

Month : /

Paid	Bill	Due Date	Amt Due	Amt Paid	Unpaid Balance
☐					
☐					
☐					
☐					
☐					
☐					
☐					
☐					
☐					
☐					
☐					
☐					
☐					
☐					
☐					
☐					
☐					
☐					
☐					
☐					
☐					
☐					
☐					
☐					
		Total			

Notes:

BILL TRACKER

Month : /

Paid	Bill	Due Date	Amt Due	Amt Paid	Unpaid Balance
☐					
☐					
☐					
☐					
☐					
☐					
☐					
☐					
☐					
☐					
☐					
☐					
☐					
☐					
☐					
☐					
☐					
☐					
☐					
☐					
☐					
☐					
☐					
☐					
		Total			

Notes:

BILL TRACKER

Month : /

Paid	Bill	Due Date	Amt Due	Amt Paid	Unpaid Balance
☐					
☐					
☐					
☐					
☐					
☐					
☐					
☐					
☐					
☐					
☐					
☐					
☐					
☐					
☐					
☐					
☐					
☐					
☐					
☐					
☐					
☐					
☐					
☐					
		Total			

Notes:

BILL TRACKER				Month : /	
Paid	Bill	Due Date	Amt Due	Amt Paid	Unpaid Balance
☐					
☐					
☐					
☐					
☐					
☐					
☐					
☐					
☐					
☐					
☐					
☐					
☐					
☐					
☐					
☐					
☐					
☐					
☐					
☐					
☐					
☐					
☐					
☐					
		Total			

Notes:

BILL TRACKER			Month : /		
Paid	Bill	Due Date	Amt Due	Amt Paid	Unpaid Balance
☐					
☐					
☐					
☐					
☐					
☐					
☐					
☐					
☐					
☐					
☐					
☐					
☐					
☐					
☐					
☐					
☐					
☐					
☐					
☐					
☐					
☐					
☐					
☐					
		Total			

Notes:

BILL TRACKER

Month : /

Paid	Bill	Due Date	Amt Due	Amt Paid	Unpaid Balance
☐					
☐					
☐					
☐					
☐					
☐					
☐					
☐					
☐					
☐					
☐					
☐					
☐					
☐					
☐					
☐					
☐					
☐					
☐					
☐					
☐					
☐					
☐					
☐					
		Total			

Notes:

BILL TRACKER

Month : /

Paid	Bill	Due Date	Amt Due	Amt Paid	Unpaid Balance
☐					
☐					
☐					
☐					
☐					
☐					
☐					
☐					
☐					
☐					
☐					
☐					
☐					
☐					
☐					
☐					
☐					
☐					
☐					
☐					
☐					
☐					
☐					
☐					
		Total			

Notes:

BILL TRACKER			Month : /		
Paid	Bill	Due Date	Amt Due	Amt Paid	Unpaid Balance
☐					
☐					
☐					
☐					
☐					
☐					
☐					
☐					
☐					
☐					
☐					
☐					
☐					
☐					
☐					
☐					
☐					
☐					
☐					
☐					
☐					
☐					
☐					
☐					
		Total			

Notes:

BILL TRACKER			Month : /		
Paid	Bill	Due Date	Amt Due	Amt Paid	Unpaid Balance
☐					
☐					
☐					
☐					
☐					
☐					
☐					
☐					
☐					
☐					
☐					
☐					
☐					
☐					
☐					
☐					
☐					
☐					
☐					
☐					
☐					
☐					
☐					
☐					
		Total			

Notes:

BILL TRACKER			Month : /		
Paid	Bill	Due Date	Amt Due	Amt Paid	Unpaid Balance
☐					
☐					
☐					
☐					
☐					
☐					
☐					
☐					
☐					
☐					
☐					
☐					
☐					
☐					
☐					
☐					
☐					
☐					
☐					
☐					
☐					
☐					
☐					
☐					
		Total			

Notes:

BILL TRACKER

Month : /

Paid	Bill	Due Date	Amt Due	Amt Paid	Unpaid Balance
☐					
☐					
☐					
☐					
☐					
☐					
☐					
☐					
☐					
☐					
☐					
☐					
☐					
☐					
☐					
☐					
☐					
☐					
☐					
☐					
☐					
☐					
☐					
		Total			

Notes:

BILL TRACKER

Month : /

Paid	Bill	Due Date	Amt Due	Amt Paid	Unpaid Balance
☐					
☐					
☐					
☐					
☐					
☐					
☐					
☐					
☐					
☐					
☐					
☐					
☐					
☐					
☐					
☐					
☐					
☐					
☐					
☐					
☐					
☐					
☐					
☐					
		Total			

Notes:

BILL TRACKER

Month : /

Paid	Bill	Due Date	Amt Due	Amt Paid	Unpaid Balance
☐					
☐					
☐					
☐					
☐					
☐					
☐					
☐					
☐					
☐					
☐					
☐					
☐					
☐					
☐					
☐					
☐					
☐					
☐					
☐					
☐					
☐					
☐					
☐					
		Total			

Notes:

BILL TRACKER

Month : /

Paid	Bill	Due Date	Amt Due	Amt Paid	Unpaid Balance
☐					
☐					
☐					
☐					
☐					
☐					
☐					
☐					
☐					
☐					
☐					
☐					
☐					
☐					
☐					
☐					
☐					
☐					
☐					
☐					
☐					
☐					
☐					
☐					
		Total			

Notes:

BILL TRACKER

Month : /

Paid	Bill	Due Date	Amt Due	Amt Paid	Unpaid Balance
☐					
☐					
☐					
☐					
☐					
☐					
☐					
☐					
☐					
☐					
☐					
☐					
☐					
☐					
☐					
☐					
☐					
☐					
☐					
☐					
☐					
☐					
☐					
☐					
		Total			

Notes:

BILL TRACKER

Month : /

Paid	Bill	Due Date	Amt Due	Amt Paid	Unpaid Balance
☐					
☐					
☐					
☐					
☐					
☐					
☐					
☐					
☐					
☐					
☐					
☐					
☐					
☐					
☐					
☐					
☐					
☐					
☐					
☐					
☐					
☐					
☐					
☐					
		Total			

Notes:

BILL TRACKER

Month : /

Paid	Bill	Due Date	Amt Due	Amt Paid	Unpaid Balance
☐					
☐					
☐					
☐					
☐					
☐					
☐					
☐					
☐					
☐					
☐					
☐					
☐					
☐					
☐					
☐					
☐					
☐					
☐					
☐					
☐					
☐					
☐					
☐					
		Total			

Notes:

BILL TRACKER				Month : /	
Paid	Bill	Due Date	Amt Due	Amt Paid	Unpaid Balance
☐					
☐					
☐					
☐					
☐					
☐					
☐					
☐					
☐					
☐					
☐					
☐					
☐					
☐					
☐					
☐					
☐					
☐					
☐					
☐					
☐					
☐					
☐					
☐					
		Total			

Notes:

BILL TRACKER	Month : /

Paid	Bill	Due Date	Amt Due	Amt Paid	Unpaid Balance
☐					
☐					
☐					
☐					
☐					
☐					
☐					
☐					
☐					
☐					
☐					
☐					
☐					
☐					
☐					
☐					
☐					
☐					
☐					
☐					
☐					
☐					
☐					
☐					
		Total			

Notes:

BILL TRACKER			Month : /		
Paid	Bill	Due Date	Amt Due	Amt Paid	Unpaid Balance
☐					
☐					
☐					
☐					
☐					
☐					
☐					
☐					
☐					
☐					
☐					
☐					
☐					
☐					
☐					
☐					
☐					
☐					
☐					
☐					
☐					
☐					
☐					
☐					
		Total			

Notes:

BILL TRACKER

Month : /

Paid	Bill	Due Date	Amt Due	Amt Paid	Unpaid Balance
☐					
☐					
☐					
☐					
☐					
☐					
☐					
☐					
☐					
☐					
☐					
☐					
☐					
☐					
☐					
☐					
☐					
☐					
☐					
☐					
☐					
☐					
☐					
☐					
		Total			

Notes:

BILL TRACKER

Month : /

Paid	Bill	Due Date	Amt Due	Amt Paid	Unpaid Balance
☐					
☐					
☐					
☐					
☐					
☐					
☐					
☐					
☐					
☐					
☐					
☐					
☐					
☐					
☐					
☐					
☐					
☐					
☐					
☐					
☐					
☐					
☐					
☐					
		Total			

Notes:

BILL TRACKER

Month : /

Paid	Bill	Due Date	Amt Due	Amt Paid	Unpaid Balance
☐					
☐					
☐					
☐					
☐					
☐					
☐					
☐					
☐					
☐					
☐					
☐					
☐					
☐					
☐					
☐					
☐					
☐					
☐					
☐					
☐					
☐					
☐					
☐					
		Total			

Notes:

BILL TRACKER

Month : /

Paid	Bill	Due Date	Amt Due	Amt Paid	Unpaid Balance
☐					
☐					
☐					
☐					
☐					
☐					
☐					
☐					
☐					
☐					
☐					
☐					
☐					
☐					
☐					
☐					
☐					
☐					
☐					
☐					
☐					
☐					
☐					
☐					
		Total			

Notes:

BILL TRACKER

Month : /

Paid	Bill	Due Date	Amt Due	Amt Paid	Unpaid Balance
☐					
☐					
☐					
☐					
☐					
☐					
☐					
☐					
☐					
☐					
☐					
☐					
☐					
☐					
☐					
☐					
☐					
☐					
☐					
☐					
☐					
☐					
☐					
☐					
		Total			

Notes:

BILL TRACKER			Month : /		
Paid	Bill	Due Date	Amt Due	Amt Paid	Unpaid Balance
☐					
☐					
☐					
☐					
☐					
☐					
☐					
☐					
☐					
☐					
☐					
☐					
☐					
☐					
☐					
☐					
☐					
☐					
☐					
☐					
☐					
☐					
☐					
☐					
		Total			

Notes:

BILL TRACKER

Month : /

Paid	Bill	Due Date	Amt Due	Amt Paid	Unpaid Balance
☐					
☐					
☐					
☐					
☐					
☐					
☐					
☐					
☐					
☐					
☐					
☐					
☐					
☐					
☐					
☐					
☐					
☐					
☐					
☐					
☐					
☐					
☐					
☐					
		Total			

Notes:

BILL TRACKER

Month : /

Paid	Bill	Due Date	Amt Due	Amt Paid	Unpaid Balance
☐					
☐					
☐					
☐					
☐					
☐					
☐					
☐					
☐					
☐					
☐					
☐					
☐					
☐					
☐					
☐					
☐					
☐					
☐					
☐					
☐					
☐					
☐					
☐					
		Total			

Notes:

BILL TRACKER

Month :   /

Paid	Bill	Due Date	Amt Due	Amt Paid	Unpaid Balance
☐					
☐					
☐					
☐					
☐					
☐					
☐					
☐					
☐					
☐					
☐					
☐					
☐					
☐					
☐					
☐					
☐					
☐					
☐					
☐					
☐					
☐					
☐					
☐					
		Total			

Notes:

BILL TRACKER

Month : /

Paid	Bill	Due Date	Amt Due	Amt Paid	Unpaid Balance
☐					
☐					
☐					
☐					
☐					
☐					
☐					
☐					
☐					
☐					
☐					
☐					
☐					
☐					
☐					
☐					
☐					
☐					
☐					
☐					
☐					
☐					
☐					
☐					
		Total			

Notes:

BILL TRACKER

Month : /

Paid	Bill	Due Date	Amt Due	Amt Paid	Unpaid Balance
☐					
☐					
☐					
☐					
☐					
☐					
☐					
☐					
☐					
☐					
☐					
☐					
☐					
☐					
☐					
☐					
☐					
☐					
☐					
☐					
☐					
☐					
☐					
☐					
		Total			

Notes:

BILL TRACKER

Month : /

Paid	Bill	Due Date	Amt Due	Amt Paid	Unpaid Balanc
☐					
☐					
☐					
☐					
☐					
☐					
☐					
☐					
☐					
☐					
☐					
☐					
☐					
☐					
☐					
☐					
☐					
☐					
☐					
☐					
☐					
☐					
☐					
☐					
☐					
		Total			

Notes:

BILL TRACKER

Month : /

Paid	Bill	Due Date	Amt Due	Amt Paid	Unpaid Balance
☐					
☐					
☐					
☐					
☐					
☐					
☐					
☐					
☐					
☐					
☐					
☐					
☐					
☐					
☐					
☐					
☐					
☐					
☐					
☐					
☐					
☐					
☐					
☐					
		Total			

Notes:

BILL TRACKER

Month :   /

Paid	Bill	Due Date	Amt Due	Amt Paid	Unpaid Balance
☐					
☐					
☐					
☐					
☐					
☐					
☐					
☐					
☐					
☐					
☐					
☐					
☐					
☐					
☐					
☐					
☐					
☐					
☐					
☐					
☐					
☐					
☐					
☐					
		Total			

Notes:

BILL TRACKER

Month : /

Paid	Bill	Due Date	Amt Due	Amt Paid	Unpaid Balance
☐					
☐					
☐					
☐					
☐					
☐					
☐					
☐					
☐					
☐					
☐					
☐					
☐					
☐					
☐					
☐					
☐					
☐					
☐					
☐					
☐					
☐					
☐					
☐					
		Total			

Notes:

BILL TRACKER

Month : /

Paid	Bill	Due Date	Amt Due	Amt Paid	Unpaid Balanc
☐					
☐					
☐					
☐					
☐					
☐					
☐					
☐					
☐					
☐					
☐					
☐					
☐					
☐					
☐					
☐					
☐					
☐					
☐					
☐					
☐					
☐					
☐					
☐					
		Total			

Notes:

BILL TRACKER

Month : /

Paid	Bill	Due Date	Amt Due	Amt Paid	Unpaid Balance
☐					
☐					
☐					
☐					
☐					
☐					
☐					
☐					
☐					
☐					
☐					
☐					
☐					
☐					
☐					
☐					
☐					
☐					
☐					
☐					
☐					
☐					
☐					
☐					
		Total			

Notes:

BILL TRACKER			Month : /		
Paid	Bill	Due Date	Amt Due	Amt Paid	Unpaid Balance
☐					
☐					
☐					
☐					
☐					
☐					
☐					
☐					
☐					
☐					
☐					
☐					
☐					
☐					
☐					
☐					
☐					
☐					
☐					
☐					
☐					
☐					
☐					
☐					
		Total			

Notes:

BILL TRACKER

Month : /

Paid	Bill	Due Date	Amt Due	Amt Paid	Unpaid Balance
☐					
☐					
☐					
☐					
☐					
☐					
☐					
☐					
☐					
☐					
☐					
☐					
☐					
☐					
☐					
☐					
☐					
☐					
☐					
☐					
☐					
☐					
☐					
☐					
		Total			

Notes:

BILL TRACKER			Month : /		
Paid	Bill	Due Date	Amt Due	Amt Paid	Unpaid Balance
☐					
☐					
☐					
☐					
☐					
☐					
☐					
☐					
☐					
☐					
☐					
☐					
☐					
☐					
☐					
☐					
☐					
☐					
☐					
☐					
☐					
☐					
☐					
☐					
		Total			

Notes:

BILL TRACKER

Month : /

Paid	Bill	Due Date	Amt Due	Amt Paid	Unpaid Balance
☐					
☐					
☐					
☐					
☐					
☐					
☐					
☐					
☐					
☐					
☐					
☐					
☐					
☐					
☐					
☐					
☐					
☐					
☐					
☐					
☐					
☐					
☐					
☐					
		Total			

Notes:

BILL TRACKER

Month : /

Paid	Bill	Due Date	Amt Due	Amt Paid	Unpaid Balance
☐					
☐					
☐					
☐					
☐					
☐					
☐					
☐					
☐					
☐					
☐					
☐					
☐					
☐					
☐					
☐					
☐					
☐					
☐					
☐					
☐					
☐					
☐					
☐					
		Total			

Notes:

BILL TRACKER

Month : /

aid	Bill	Due Date	Amt Due	Amt Paid	Unpaid Balance
☐					
☐					
☐					
☐					
☐					
☐					
☐					
☐					
☐					
☐					
☐					
☐					
☐					
☐					
☐					
☐					
☐					
☐					
☐					
☐					
☐					
☐					
☐					
☐					
		Total			

otes:

BILL TRACKER

Month : /

Paid	Bill	Due Date	Amt Due	Amt Paid	Unpaid Balance
☐					
☐					
☐					
☐					
☐					
☐					
☐					
☐					
☐					
☐					
☐					
☐					
☐					
☐					
☐					
☐					
☐					
☐					
☐					
☐					
☐					
☐					
☐					
☐					
		Total			

Notes:

BILL TRACKER

Month : /

Paid	Bill	Due Date	Amt Due	Amt Paid	Unpaid Balance
☐					
☐					
☐					
☐					
☐					
☐					
☐					
☐					
☐					
☐					
☐					
☐					
☐					
☐					
☐					
☐					
☐					
☐					
☐					
☐					
☐					
☐					
☐					
☐					
		Total			

Notes:

BILL TRACKER

Month : /

Paid	Bill	Due Date	Amt Due	Amt Paid	Unpaid Balance
☐					
☐					
☐					
☐					
☐					
☐					
☐					
☐					
☐					
☐					
☐					
☐					
☐					
☐					
☐					
☐					
☐					
☐					
☐					
☐					
☐					
☐					
☐					
☐					
		Total			

Notes:

BILL TRACKER

Month : /

Paid	Bill	Due Date	Amt Due	Amt Paid	Unpaid Balance
☐					
☐					
☐					
☐					
☐					
☐					
☐					
☐					
☐					
☐					
☐					
☐					
☐					
☐					
☐					
☐					
☐					
☐					
☐					
☐					
☐					
☐					
☐					
☐					
		Total			

Notes:

BILL TRACKER

Month : /

Paid	Bill	Due Date	Amt Due	Amt Paid	Unpaid Balance
☐					
☐					
☐					
☐					
☐					
☐					
☐					
☐					
☐					
☐					
☐					
☐					
☐					
☐					
☐					
☐					
☐					
☐					
☐					
☐					
☐					
☐					
☐					
☐					
		Total			

Notes:

BILL TRACKER

Month : /

Paid	Bill	Due Date	Amt Due	Amt Paid	Unpaid Balance
☐					
☐					
☐					
☐					
☐					
☐					
☐					
☐					
☐					
☐					
☐					
☐					
☐					
☐					
☐					
☐					
☐					
☐					
☐					
☐					
☐					
☐					
☐					
☐					
		Total			

Notes:

BILL TRACKER			Month : /		
Paid	Bill	Due Date	Amt Due	Amt Paid	Unpaid Balance
☐					
☐					
☐					
☐					
☐					
☐					
☐					
☐					
☐					
☐					
☐					
☐					
☐					
☐					
☐					
☐					
☐					
☐					
☐					
☐					
☐					
☐					
☐					
☐					
		Total			

Notes:

BILL TRACKER

Month : /

Paid	Bill	Due Date	Amt Due	Amt Paid	Unpaid Balance
☐					
☐					
☐					
☐					
☐					
☐					
☐					
☐					
☐					
☐					
☐					
☐					
☐					
☐					
☐					
☐					
☐					
☐					
☐					
☐					
☐					
☐					
☐					
☐					
		Total			

Notes:

BILL TRACKER			Month : /		
Paid	Bill	Due Date	Amt Due	Amt Paid	Unpaid Balance
☐					
☐					
☐					
☐					
☐					
☐					
☐					
☐					
☐					
☐					
☐					
☐					
☐					
☐					
☐					
☐					
☐					
☐					
☐					
☐					
☐					
☐					
☐					
☐					
		Total			

Notes:

BILL TRACKER

Month : /

Paid	Bill	Due Date	Amt Due	Amt Paid	Unpaid Balance
☐					
☐					
☐					
☐					
☐					
☐					
☐					
☐					
☐					
☐					
☐					
☐					
☐					
☐					
☐					
☐					
☐					
☐					
☐					
☐					
☐					
☐					
☐					
☐					
		Total			

Notes:

BILL TRACKER

Month : /

Paid	Bill	Due Date	Amt Due	Amt Paid	Unpaid Balance
☐					
☐					
☐					
☐					
☐					
☐					
☐					
☐					
☐					
☐					
☐					
☐					
☐					
☐					
☐					
☐					
☐					
☐					
☐					
☐					
☐					
☐					
☐					
☐					
		Total			

Notes:

BILL TRACKER

Month :   /

aid	Bill	Due Date	Amt Due	Amt Paid	Unpaid Balance
☐					
☐					
☐					
☐					
☐					
☐					
☐					
☐					
☐					
☐					
☐					
☐					
☐					
☐					
☐					
☐					
☐					
☐					
☐					
☐					
☐					
☐					
☐					
☐					
		Total			

otes:

BILL TRACKER

Month : /

Paid	Bill	Due Date	Amt Due	Amt Paid	Unpaid Balance
☐					
☐					
☐					
☐					
☐					
☐					
☐					
☐					
☐					
☐					
☐					
☐					
☐					
☐					
☐					
☐					
☐					
☐					
☐					
☐					
☐					
☐					
☐					
☐					
		Total			

Notes:

BILL TRACKER

Month : /

Paid	Bill	Due Date	Amt Due	Amt Paid	Unpaid Balance
☐					
☐					
☐					
☐					
☐					
☐					
☐					
☐					
☐					
☐					
☐					
☐					
☐					
☐					
☐					
☐					
☐					
☐					
☐					
☐					
☐					
☐					
☐					
☐					
		Total			

Notes:

BILL TRACKER

Month : /

Paid	Bill	Due Date	Amt Due	Amt Paid	Unpaid Balance
☐					
☐					
☐					
☐					
☐					
☐					
☐					
☐					
☐					
☐					
☐					
☐					
☐					
☐					
☐					
☐					
☐					
☐					
☐					
☐					
☐					
☐					
☐					
☐					
		Total			

Notes:

BILL TRACKER

Month : /

aid	Bill	Due Date	Amt Due	Amt Paid	Unpaid Balance
☐					
☐					
☐					
☐					
☐					
☐					
☐					
☐					
☐					
☐					
☐					
☐					
☐					
☐					
☐					
☐					
☐					
☐					
☐					
☐					
☐					
☐					
☐					
☐					
		Total			

otes:

BILL TRACKER			Month : /		
Paid	Bill	Due Date	Amt Due	Amt Paid	Unpaid Balance
☐					
☐					
☐					
☐					
☐					
☐					
☐					
☐					
☐					
☐					
☐					
☐					
☐					
☐					
☐					
☐					
☐					
☐					
☐					
☐					
☐					
☐					
☐					
☐					
		Total			

Notes:

BILL TRACKER

Month : /

Paid	Bill	Due Date	Amt Due	Amt Paid	Unpaid Balance
☐					
☐					
☐					
☐					
☐					
☐					
☐					
☐					
☐					
☐					
☐					
☐					
☐					
☐					
☐					
☐					
☐					
☐					
☐					
☐					
☐					
☐					
☐					
☐					
		Total			

Notes:

BILL TRACKER			Month : /		
Paid	Bill	Due Date	Amt Due	Amt Paid	Unpaid Balance
☐					
☐					
☐					
☐					
☐					
☐					
☐					
☐					
☐					
☐					
☐					
☐					
☐					
☐					
☐					
☐					
☐					
☐					
☐					
☐					
☐					
☐					
☐					
☐					
		Total			

Notes:

BILL TRACKER

Month : /

aid	Bill	Due Date	Amt Due	Amt Paid	Unpaid Balance
☐					
☐					
☐					
☐					
☐					
☐					
☐					
☐					
☐					
☐					
☐					
☐					
☐					
☐					
☐					
☐					
☐					
☐					
☐					
☐					
☐					
☐					
☐					
☐					
		Total			

otes:

BILL TRACKER			Month : /		
Paid	Bill	Due Date	Amt Due	Amt Paid	Unpaid Balance
☐					
☐					
☐					
☐					
☐					
☐					
☐					
☐					
☐					
☐					
☐					
☐					
☐					
☐					
☐					
☐					
☐					
☐					
☐					
☐					
☐					
☐					
☐					
☐					
		Total			

Notes:

BILL TRACKER

Month :   /

Paid	Bill	Due Date	Amt Due	Amt Paid	Unpaid Balance
☐					
☐					
☐					
☐					
☐					
☐					
☐					
☐					
☐					
☐					
☐					
☐					
☐					
☐					
☐					
☐					
☐					
☐					
☐					
☐					
☐					
☐					
☐					
☐					
		Total			

Notes:

BILL TRACKER

Month : /

Paid	Bill	Due Date	Amt Due	Amt Paid	Unpaid Balance
☐					
☐					
☐					
☐					
☐					
☐					
☐					
☐					
☐					
☐					
☐					
☐					
☐					
☐					
☐					
☐					
☐					
☐					
☐					
☐					
☐					
☐					
☐					
☐					
		Total			

Notes:

BILL TRACKER

Month : /

Paid	Bill	Due Date	Amt Due	Amt Paid	Unpaid Balance
☐					
☐					
☐					
☐					
☐					
☐					
☐					
☐					
☐					
☐					
☐					
☐					
☐					
☐					
☐					
☐					
☐					
☐					
☐					
☐					
☐					
☐					
☐					
☐					
		Total			

Notes:

BILL TRACKER			Month : /		
Paid	Bill	Due Date	Amt Due	Amt Paid	Unpaid Balance
☐					
☐					
☐					
☐					
☐					
☐					
☐					
☐					
☐					
☐					
☐					
☐					
☐					
☐					
☐					
☐					
☐					
☐					
☐					
☐					
☐					
☐					
☐					
☐					
		Total			

Notes:

BILL TRACKER

Month : /

Paid	Bill	Due Date	Amt Due	Amt Paid	Unpaid Balance
☐					
☐					
☐					
☐					
☐					
☐					
☐					
☐					
☐					
☐					
☐					
☐					
☐					
☐					
☐					
☐					
☐					
☐					
☐					
☐					
☐					
☐					
☐					
☐					
		Total			

Notes:

BILL TRACKER

Month : /

Paid	Bill	Due Date	Amt Due	Amt Paid	Unpaid Balance
☐					
☐					
☐					
☐					
☐					
☐					
☐					
☐					
☐					
☐					
☐					
☐					
☐					
☐					
☐					
☐					
☐					
☐					
☐					
☐					
☐					
☐					
☐					
☐					
		Total			

Notes:

BILL TRACKER

Month : /

Paid	Bill	Due Date	Amt Due	Amt Paid	Unpaid Balance
☐					
☐					
☐					
☐					
☐					
☐					
☐					
☐					
☐					
☐					
☐					
☐					
☐					
☐					
☐					
☐					
☐					
☐					
☐					
☐					
☐					
☐					
☐					
☐					
		Total			

Notes:

BILL TRACKER

Month : /

Paid	Bill	Due Date	Amt Due	Amt Paid	Unpaid Balance
☐					
☐					
☐					
☐					
☐					
☐					
☐					
☐					
☐					
☐					
☐					
☐					
☐					
☐					
☐					
☐					
☐					
☐					
☐					
☐					
☐					
☐					
☐					
☐					
		Total			

Notes:

BILL TRACKER

Month : /

Paid	Bill	Due Date	Amt Due	Amt Paid	Unpaid Balance
☐					
☐					
☐					
☐					
☐					
☐					
☐					
☐					
☐					
☐					
☐					
☐					
☐					
☐					
☐					
☐					
☐					
☐					
☐					
☐					
☐					
☐					
☐					
☐					
		Total			

Notes:

BILL TRACKER			Month : /		
Paid	Bill	Due Date	Amt Due	Amt Paid	Unpaid Balance
☐					
☐					
☐					
☐					
☐					
☐					
☐					
☐					
☐					
☐					
☐					
☐					
☐					
☐					
☐					
☐					
☐					
☐					
☐					
☐					
☐					
☐					
☐					
☐					
		Total			

Notes:

BILL TRACKER			Month : /		
Paid	Bill	Due Date	Amt Due	Amt Paid	Unpaid Balance
☐					
☐					
☐					
☐					
☐					
☐					
☐					
☐					
☐					
☐					
☐					
☐					
☐					
☐					
☐					
☐					
☐					
☐					
☐					
☐					
☐					
☐					
☐					
☐					
		Total			

Notes:

BILL TRACKER

Month : /

Paid	Bill	Due Date	Amt Due	Amt Paid	Unpaid Balance
☐					
☐					
☐					
☐					
☐					
☐					
☐					
☐					
☐					
☐					
☐					
☐					
☐					
☐					
☐					
☐					
☐					
☐					
☐					
☐					
☐					
☐					
☐					
☐					
		Total			

Notes:

BILL TRACKER

Month : /

Paid	Bill	Due Date	Amt Due	Amt Paid	Unpaid Balance
☐					
☐					
☐					
☐					
☐					
☐					
☐					
☐					
☐					
☐					
☐					
☐					
☐					
☐					
☐					
☐					
☐					
☐					
☐					
☐					
☐					
☐					
☐					
☐					
		Total			

Notes:

BILL TRACKER			Month : /		
Paid	Bill	Due Date	Amt Due	Amt Paid	Unpaid Balance
☐					
☐					
☐					
☐					
☐					
☐					
☐					
☐					
☐					
☐					
☐					
☐					
☐					
☐					
☐					
☐					
☐					
☐					
☐					
☐					
☐					
☐					
☐					
☐					
		Total			

Notes:

BILL TRACKER

Month :   /

Paid	Bill	Due Date	Amt Due	Amt Paid	Unpaid Balance
☐					
☐					
☐					
☐					
☐					
☐					
☐					
☐					
☐					
☐					
☐					
☐					
☐					
☐					
☐					
☐					
☐					
☐					
☐					
☐					
☐					
☐					
☐					
☐					
		Total			

Notes:

BILL TRACKER			Month : /		
Paid	Bill	Due Date	Amt Due	Amt Paid	Unpaid Balance
☐					
☐					
☐					
☐					
☐					
☐					
☐					
☐					
☐					
☐					
☐					
☐					
☐					
☐					
☐					
☐					
☐					
☐					
☐					
☐					
☐					
☐					
☐					
☐					
		Total			

Notes:

Made in the USA
Las Vegas, NV
26 December 2023

83566048R00063